多幸感で満たされる〜！

ぼく流

禁断の
スイーツ

ぼく
イラスト料理研究家

JN048535

KADOKAWA

はじめに

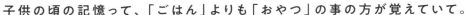

はじめましての方も、そうでない方も、どうも! ぼくです。
このたびは、本書を手に取ってくださり、
本当にありがとうございます。

.｡°˚･:.｡. .｡.:*.｡°˚･*

子供の頃の記憶って、「ごはん」よりも「おやつ」の事の方が覚えていて。

習字教室へ行く道中のコンビニで購入し、
友達とはんぶんこした細長い菓子パン。
夏によく妹と作った、ヨーグルトとコーンフレークと
アイスの即席パフェ。
寝込んだ時に母親が作ってくれたものの、
全然冷えていなくてアツアツだったプリン。
公園の近くに「プルプルプル」と自作の音楽を流しながら現れる、
おいしいわらび餅屋さん。
こっそり持ち込んで、部活帰りにみんなで食べていたカロリーメイト。
祖母からの荷物に入っていると嬉しくなる、手作りのレーズンケーキ。

どれもこれも、「誰と一緒だったか」や「状況（部活がつらかったとか）
「季節」などが、美味しい記憶と一緒に浮かんできます。
もしかすると、おやつってちょっぴり特別な存在なのかもしれません。

.｡°˚･:.｡. .｡.:*.｡°˚･*

料理の仕事に携わって、実は今年で9年目。
（Twitterで個人的に活動していた時期も含めると10年目）

今だからこそ「このお菓子は、この方法で簡単に美味しくできそう!」と
アイディアが浮かぶようになりましたが、当時のぼくは経験と知識不足で、
日々悪戦苦闘していました。試作ができるたびに、当時住んでいたシェア
ハウスのみんなに食べてもらい、結構厳しい感想を貰っていたっけ…
これも今となっては良い思い出です。

本書は、そんな今までの知識と思い出を「これでもか!」というほど
詰め込んだ1冊。使用する調理器具も電子レンジ、フライパン、トースター
といった、一人暮らしの方でも手が届くようなレシピに調整してみました。
勿論、オーブンを持っている方はトースターの表記時間どおり180度で
焼いてもらえれば同様に作ることができます。

自分の食事やおやつとして作るもよし!プレゼント用のお菓子として
作るもよし! 子供と一緒に作って食べてもよし!

お気に入りのレシピが見つかりますように。
そしてここに載っているレシピが、
誰かの思い出の一つになってくれたら、
これ以上嬉しいことはありません。　ぼく

Contents

第4章 身体に染み渡る美味しさ！ プリン・おもち系

第5章 ごはんにもOK！罪深い美味しさ！ パン系

きほんの道具

本書のレシピは、普段お家で使っている道具で作れるものばかりです！

調理道具

テフロン加工が
オススメ！

| 耐熱ボウル | 泡だて器 | おたま | フライパン | なべ |

| 計量スプーン | 計量カップ | はかり | ざる | ゴムベラ |

| フライ返し | 包丁 | まないた | スプーン | カード（スケッパー） |

ぼくは
35cmを
使ってるよ

麺棒　（あれば）ハンドミキサー　（あれば）ケーキクーラー

カードがなくても
フライ返しで
代用できるよ！

ココ→

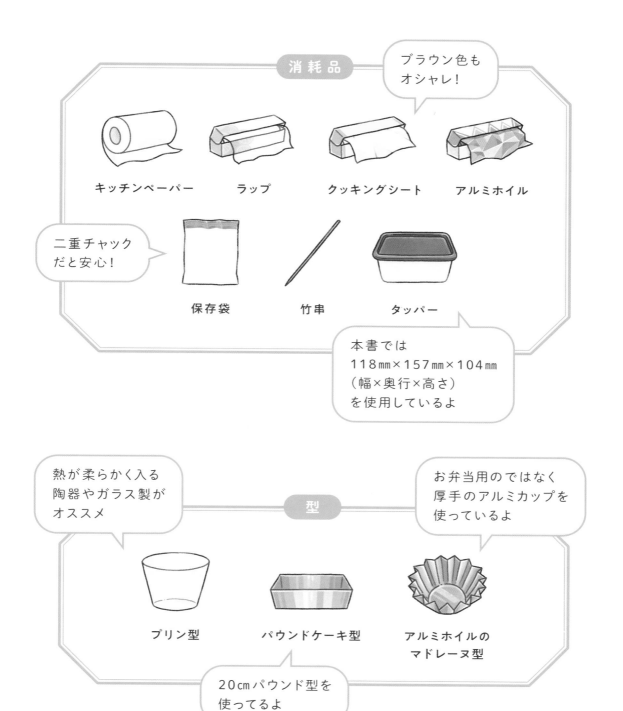

消耗品

ブラウン色も
オシャレ！

キッチンペーパー　　ラップ　　クッキングシート　　アルミホイル

二重チャック
だと安心！

保存袋　　竹串　　タッパー

本書では
118㎜×157㎜×104㎜
（幅×奥行×高さ）
を使用しているよ

熱が柔らかく入る
陶器やガラス製が
オススメ

型

お弁当用のではなく
厚手のアルミカップを
使っているよ

プリン型　　パウンドケーキ型　　アルミホイルの
マドレーヌ型

20㎝パウンド型を
使ってるよ

きほんの材料

だいたいどこのスーパーでも手に入る材料ばかりです!

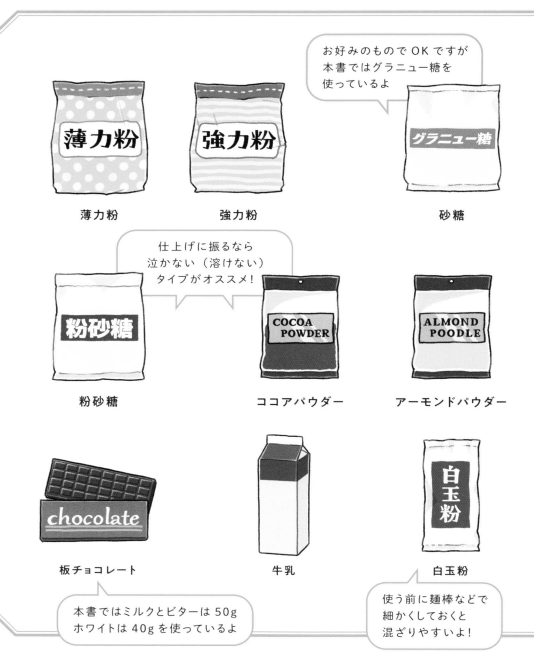

お好みのもので OK ですが
本書ではグラニュー糖を
使っているよ

薄力粉

強力粉

砂糖

仕上げに振るなら
泣かない（溶けない）
タイプがオススメ!

粉砂糖

ココアパウダー

アーモンドパウダー

板チョコレート

牛乳

白玉粉

本書ではミルクとビターは 50g
ホワイトは 40g を使っているよ

使う前に麺棒などで
細かくしておくと
混ざりやすいよ!

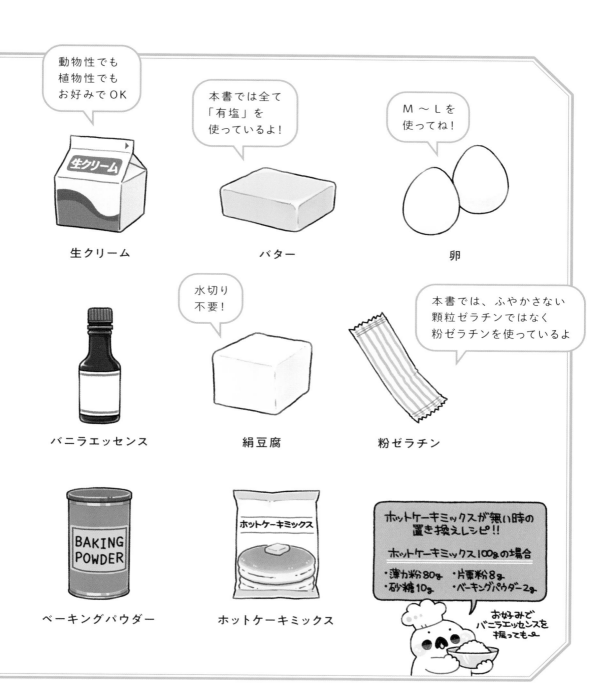

動物性でも
植物性でも
お好みでOK

生クリーム

本書では全て
「有塩」を
使っているよ！

バター

M～Lを
使ってね！

卵

バニラエッセンス

水切り
不要！

絹豆腐

本書では、ふやかさない
顆粒ゼラチンではなく
粉ゼラチンを使っているよ

粉ゼラチン

BAKING POWDER

ベーキングパウダー

ホットケーキミックス

ホットケーキミックス

ホットケーキミックスが無い時の
置き換えレシピ！！

ホットケーキミックス100gの場合

・薄力粉80g　　・片栗粉8g
・砂糖10g　　・ベーキングパウダー2g

お好みで
バニラエッセンスを
振っても♪

9

レシピを作る前に

同じ小さじ1・大さじ1でも調味料によって重さが異なります

	小さじ1	大さじ1
水	5g	15g
蜂蜜	7g	21g
油	4g	12g
グラニュー糖	4g	12g
薄力粉	3g	9g
粉ゼラチン	3g	9g

特にIHだと
追加加熱が
必要なことも…!

使用するコンロによって、火力が異なります。
焼き色などを見つつ加熱時間を調整してください

基本的に電子レンジは 500w を使用しています

コゲッ

電子レンジやトースターは使用する個体によって
パワーや熱の入り方に差があります。
様子を見つつ加熱時間を調整してください

トースターで焼く→オーブンに変更可能です。
様子を見ながら180度で同じ時間焼いてください

トースターはオーブンに比べて焦げやすいのですが
アルミホイルをかぶせつつ焼くことで
焼き色を抑えながら加熱することができます

トースターで焼く際は、アルミホイルもしくはクッキングシートの上に
生地を置いて焼きます。それぞれ特徴があるので
生地の状態や加熱時間で使い分けるのがおすすめです

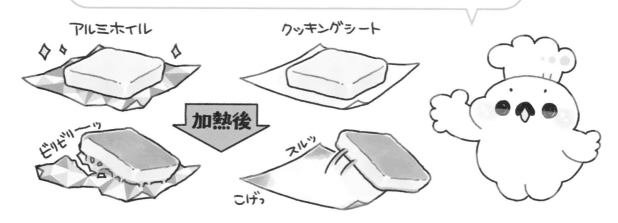

	良い点	悪い点
アルミホイル	長時間加熱できる	焼いた後、生地がくっつきやすい （うっすら油を塗ると◎）
クッキングシート	生地がくっつかない	長時間加熱するとシートが焦げる （アルミホイルでシートごと覆うか ギリギリ生地が置けるサイズにカットすると◎）

はじまるよ〜♀!!!

第 1 章

簡単なのに驚きの美味しさ！

ベスト10

はふ　はふ

憧れの分厚さ！夢のような
ふかふかパンケーキ

超分厚くて、冷めても美味しい！　最高のパンケーキです。

材料 （1〜2人分）

- 絹豆腐…100g
- 卵…1個
- 牛乳…30cc
- ホットケーキミックス…150g
- お好みでバターや蜂蜜

● 使用道具 ●

泡立て器　　ボウル　　おたま　　フライパン

1 袋に絹豆腐100g（水切り不要）を入れて滑らかになるまで揉んだら、卵1個を加えて更に揉む

2 ボウルに出して牛乳30ccを混ぜたら、ホットケーキミックス150gを加える

3 泡立て器で「大きく混ぜて、生地を落とす」動作を10〜20回繰り返して混ぜる（粉は見えないが、滑らかではない状態）

4 油をひいていない温めたフライパンに生地を1/3〜1/4のせ、蓋をしつつ弱火で2〜3分焼く。裏返して蓋をしつつ2〜3分焼いたら器に移し、バターや蜂蜜をかける

ポイント　豆腐の保水効果でパサつかずふっかふか！

昔懐かしの味！
もみもみアイスクリン

練乳・卵黄・牛乳だけで作る昔ながらのアイスクリンです。

材料 （2人分）

A ├ ● 練乳…50g
  │ ● 卵黄…1個分
  └ ● 牛乳…180cc

● 使用道具 ●

おたま　　小鍋　　ゴムベラ

1 小鍋にAを入れて混ぜたら、牛乳180cc を加え混ぜる

2 弱火にかけ、若干とろみがつくまで加熱してから冷ます

3 保存袋に入れ、平らにして冷凍庫で3時間凍らせる

4 とりだしてよく揉み混ぜ、器に盛り付ける

【コーヒー味】
インスタントコーヒーを
大さじ½加える

【ココア味】
ココアパウダーを
小さじ2加える

【フルーツ味】
器に盛りつける直前に
好きなジャムを混ぜる

＼＼マーブル柄に！／／

ポイント　①でバニラエッセンスを2～3滴加えるとさらに風味がUP！

17

焼かない！混ぜて冷やすだけの
いちごチョコ ムースケーキ

タルトがサックサク、ムースがふわっふわプルプルに仕上がります。

材料（2〜3人分）

- 粉ゼラチン…5g
- 水…大さじ2
- 板チョコ…2枚（100g）
- クッキー…70g
- バター…30g
- ヘタをカットした苺 …10個
- 牛乳…120cc
- 生クリーム…120cc
- 純ココアパウダー …適量

● 使用道具 ●

泡立て器　　ボウル

ゴムベラ

1 下準備として、粉ゼラチン5gは大さじ2の水でふやかしておく。板チョコ2枚は細かく刻んでおく

2 保存袋にクッキー70gを入れて砕き、溶かしたバター30g(500wで20秒レンチン)を加え混ぜる

3 クッキングシートを敷いた18〜20cmのパウンド型に②を敷き詰める。スプーンの背でよく押し固め、苺10個(ヘタをカットしたもの)を並べて冷蔵庫で冷やす

4 沸騰直前まで温めた牛乳120ccに①のゼラチンを加え混ぜる。牛乳が温かいうちに刻んだ板チョコも加え、チョコレートを溶かす

5 生クリーム120ccを8分立てまで泡立てたら、④に3分の1加えてしっかり混ぜる

6 残りの生クリームも加え、気泡をつぶさないようにさっくり混ぜたら、パウンド型に流して2〜3時間冷やす。固まったら型から外し、純ココアパウダーを振る

ポイント　板チョコはお好みのものでOK！　個人的にはビターがオススメです

ふんわりやさしい 牛乳餅

15分もあればできちゃう！片栗粉で作る時より、お餅の風味がします。

材料（2〜3人分）

A ┌ ● 白玉粉…50g
  └ ● 砂糖…大さじ2
   ● 牛乳…200cc
   ● お好みできなこや黒蜜

● 使用道具 ●

ボウル　　ゴムベラ

1 Aに牛乳200ccを少しずつ加えながら、ダマができないようにすり混ぜる

2 500wで3分レンジ加熱してよく混ぜたら、再び500wで2分半レンジ加熱してよく混ぜ、なめらかなお餅生地を作る

3 生地を保存袋などに入れ、角1cmをカット。氷水の中に袋の先を浸し、500円玉サイズに生地を絞り出して、OKの形にした指で丸く絞り落とす

4 ざるなどで水分を十分にきったら器に盛り付け、きなこや黒蜜をかける

チャッ
チャッ

白玉粉の代わりに片栗粉で作る場合は、
50g→30gに減らして作ってみてね!

ぼくは片栗粉の香りが気になるので
バニラエッセンスや、溶ける粉茶
(抹茶やほうじ茶など)
を加えて作ったりしています〜

水Kに溶ける
おいしいお茶

バー ーン

ポイント 冷蔵庫で冷やすと固くなってしまうので、是非できたてを召し上がれ!

爽やかな酸味の
レモンタルト

レモンカードの甘酸っぱさと、濃厚なメレンゲの組み合わせが最高です。

材料（2〜3人分）

- クッキー…100g
- バター…70g
- 卵白…2個分
  （冷やしておく）
- 砂糖…50g

A
- 卵黄…2個分
- 全卵…1個
- レモン汁…50cc
- 砂糖…70g
- コーンスターチ…小さじ2

● 使用道具 ●

ボウル

フライパン

泡立て器

ゴムベラ

1 袋にクッキー100gを入れて細かく砕いたら、溶かしたバター40g（500wで20秒レンチン）を加えて揉み混ぜる

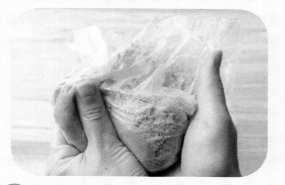

2 15cmのタルト型に①を敷き詰め、冷蔵庫で冷やしておく

3 ボウルでAを混ぜて一度こし、フライパンに流す。とろみがつくまで弱火で練り混ぜ、火を消して余熱でバター30gを溶かす

4 つやのあるレモンカードが出来たら、タルト型に流し、冷蔵庫で1時間冷やす

5 卵白2個分に砂糖50gを加えハンドミキサーで8分立てのメレンゲを作ったら、絞り袋に入れてレモンカードを埋めるように絞る

6 トースターで約5分焼いて、メレンゲに焦げ色をつける

ポイント　クッキー生地は、底はスプーンの背、側面は指でタルト型に敷き詰めると作業しやすい！

23

オーブン不使用の
うんめぇ～ラスク

はじけるようなサクサク具合！食べ出したらとまらなくなるおいしさです。

材料 （1人分）

- 8枚切り食パン…1枚
A
- バター（常温）…10g
- 砂糖…小さじ2

1 食パン1枚を5等分し、クッキングシートにのせて500wで2分レンジ加熱する。加熱が終わったら網の上などに移して冷ます

2 小皿にAを入れてよく練ったら食パンの表面に塗る

3 ぐしゃっと丸めてから広げたアルミホイルの上に食パンを並べ、トースターで約2分焼く

4 表面がきつね色になったら取り出して冷ます

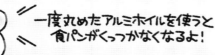

一度丸めたアルミホイルを使うと食パンがくっっかなくなるよ！

ポイント
電子レンジで食パンの水分を飛ばし、トースターで食パンの表面をカリカリにすることで
とっても美味しい仕上がりに！

憧れのかたさ。昔ながらの

王道プリン

材　料（3〜4個分）

A ├ ● 砂糖…50g
　│ ● 水…大さじ1
　│
　└ ● お湯
　　　…大さじ2

B ├ ● 卵…2個＋卵黄1個分
　│　（または卵3個）
　│ ● 牛乳…180cc
　│ ● 砂糖…40g
　└ ● バニラエッセンス…2〜3滴

● 使用道具 ●

ボウル　　　フライパン

泡立て器

1 フライパンにAを入れて中火で加熱する

2 きつね色になったら、ぬれ布巾でフライパンの底を冷やす。お湯大さじ2を加え混ぜてカラメルを作り、プリン容器3〜4個に流す

※プリン容器の側面にバターを塗っておくと、最後に取り出しやすい

3 ボウルでBをよく混ぜて一度こしたら、プリン容器にそっと流し、アルミホイルの帽子をかぶせる

4 フライパンの底にプリン容器が半分隠れるくらいの水をはって沸騰させたら、布巾を沈めてその上にプリン容器を並べる

5 蓋をして極弱火で10分加熱。火を止めたら蓋を取らずに10分放置し、冷蔵庫で冷やす

＝プリンのはずし方＝

① プリンの周りをスプーンの背などで優しく押してはがす

この部分

↓

② お皿にひっくり返す

↓

③ 素早く左右に振る

スッ　スッ

ポイント　全卵2個＋卵黄1個分でコクのある仕上がりに！全卵3個でも作れるよ！

ほうじ茶のスコーン

表面を少し焦がすことで、サクッ!とした食感の良いスコーンに仕上がります。

材料（1〜2人分）

A
- 薄力粉…100g
- 片栗粉…20g
- グラニュー糖…20g
- ベーキングパウダー…小さじ1（4g）
- ほうじ茶のティーバッグ…1個

B
- 冷たいバター…35g
- 牛乳…40cc
- 卵黄…1/2個分（10g）

- 卵黄…1/2個分

● 使用道具 ●

ボウル

カード

麺棒

1 ボウルにAを入れたら、1cm角の冷たいバター25gを入れて、指で手早くすり混ぜる（ところどころバターがダマになっている状態）

2 混ぜたBを加えてカードで切り混ぜる。1cm角のバター10gを加えて再びカードで切る

3 ラップの上に生地をのせたら、軽く手で押してひとまとまりにする

4 ラップの上から麺棒でのばし、3つ折り×3〜4回繰り返す。1.5cmの厚さにまとめ、ラップで包んで冷蔵庫で2時間休ませる

5 端っこを切り落とし、6等分に押し切ったら、表面に卵黄を塗る。一度ぐしゃっと丸めてから広げたアルミホイルの上に並べる

6 焦げてきたらアルミホイルをかぶせつつ、トースターで10〜15分（約13分）焼く。

ポイント
スコーンの層を綺麗に出すコツはできる限り手で触る時間を減らすこと。絶対にこねないこと。バターを生地に溶かさず、ちりばめること！

塗っておいしい練乳バタークリーム

常温のバター30g ＋ 練乳15g ＋ グラニュー糖小さじ2

とろっま！
ガナッシュティラミス

爽やかなヨーグルトクリームと、濃厚なガナッシュの組み合わせが美味しい！

材料 （2～3人分）

- 無糖ヨーグルト
  …400g
- A 生クリーム
  …130cc
- 砂糖…40g
- カステラ…120g
- B インスタントコーヒー
  …10g
- 砂糖…20g
- お湯…100cc
- 板チョコ…1枚（50g）
- 生クリーム60cc
- 純ココアパウダー…適量

● 使用道具 ●

ボウル　　　ゴムベラ

泡だて器　　小鍋

1 無糖ヨーグルト400gを一晩水切りして200gにしておく

2 ボウルにAを入れて8分立てにホイップしたら、①と合わせてクリームを作る

3 容器にカステラ120gを敷き詰め、Bを混ぜたシロップをかけて染み込ませる

4 カステラ上に②のクリームをのせて綺麗にならし、冷蔵庫で冷やしておく

5 小鍋で生クリーム60ccを沸騰直前まで温める。刻んだ板チョコ1枚（50g）に加えて1分放置し、優しく混ぜる

チョコ好きさんは倍量で作っても!!

6 ④のクリームの上に⑤のガナッシュを流して冷蔵庫で冷やす。ガナッシュが固まったら、仕上げに純ココアパウダーを適量振る

ポイント
抹茶ティラミスにする場合は抹茶パウダー10g＋砂糖20g＋お湯100ccをカステラに染み込ませて!

チーズの
ふっかふか野郎

卵とチーズの風味がとてもよく、甘さとしょっぱさが絶妙です！

材料 （1人分）

A ┌ ● 無糖ヨーグルト…80g
  │ ● 砂糖…大さじ2
  │ ● 卵…1個
  └ ● ピザ用チーズ…30〜50g

● ホットケーキミックス…100g
● サラダ油…適量

● 使用道具 ●

タッパー

1 ビニール袋にAを入れて揉み混ぜる

2 ホットケーキミックス100gを加えて更に揉み混ぜる

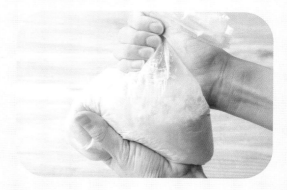

3 サラダ油を塗ったフードコンテナに生地を流す

4 蓋を上におき（閉めない）500wで約3分半レンジ加熱する

はふ。 はふ。
アツアツを 召し上がれ

ポイント ヨーグルトを加えることでびっくりするくらいふっかふか！

Column 1

【パイ生地のようなスコーンを目指す】

生地をまとめて形成した際に
カードで切った細かいバターが
ちりばめられている状態にする

バター —— 断面図

その為には…

① 手の温度でバターを溶かさない！
② 生地を混ぜる時は「練る」のではなく「切る」！
③ 生地を混ぜすぎない！

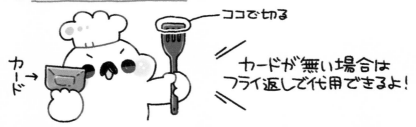

ココで切る

カード →

カードが無い場合は
フライ返しで代用できるよ！

焼く前に、生地を2時間休ませるのも重要！

膨らみやすく
丸くなったり
倒れたり…

1時間休ませた生地

エッジが
立って
キレイ♡！

2時間休ませた生地

第 2 章

まるでお店のような味と見た目！

ケーキ・タルト系

まるでフレッシュな

アイスチーズケーキ

優しい味わいの苺のチーズケーキを、まるごとアイスにしちゃいました。

材料（2〜3人分）

- クッキー…55g
- バター…20g
- 苺…3個分
- 卵黄…1個分
- A：
  - クリームチーズ（常温）…100g
  - 砂糖…50g
- 8分立てした生クリーム…100g
- 粉ゼラチン…小さじ1
- 水…大さじ1
- B：
  - 苺…120g
  - 砂糖…大さじ1と1/2

● 使用道具 ●

ゴムベラ

牛乳パック

1 1Lの紙パックの上の部分をカットし、図の
ように折り曲げて型を作ったら、中にクッキ
ングシートを敷き詰める

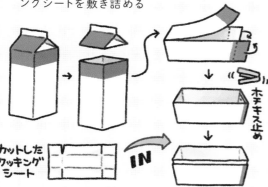

2 細かく砕いたクッキー55gと溶かしバター
20g（500wで20秒レンチン）をよく混ぜ
たら型に敷き詰める。側面にスライスした
苺3個分を張り付ける

3 ボウルにAを入れて練り混ぜたら、卵黄1個
分を少しずつ加え混ぜる。そこに8分立てに
泡立てた生クリーム100gを混ぜ、型に流す

4 ふんわりラップをし、表面が固まるまで冷
凍庫で2〜3時間冷やし固める

5 粉ゼラチン小さじ1を水大さじ1でふやかし
ておく。耐熱ボウルにBを入れて苺をつぶ
したら、500wで4分レンジ加熱し、ゼラチ
ンを加え混ぜる

6 ⑤のボウルを氷水に浸しながら混ぜる。
粗熱が取れたら、アイスの上に流して1時
間程冷凍庫で冷やし固める。仕上げにお
好みで苺をのせる

ポイント　ホールケーキの4号サイズで作ってもかわいいよ！

フライパンでできる スフレチーズケーキ

スプーンですくって食べる、シュワっと軽いスフレチーズケーキです。

材料 （4個分）

- クリームチーズ（常温）…100g
- 卵黄…2個分
- A
  - 薄力粉…大さじ1
  - 牛乳…大さじ1
- B
  - 卵白…2個分（冷やしておく）
  - 砂糖…40g
- マーマレードやあんずジャム…適量

● 使用道具 ●

- 泡立て器
- ゴムベラ
- ボウル
- フライパン

1 ボウルに常温のクリームチーズ100gを入れて練ったら、卵黄2個を少量ずつ加え混ぜ、Aも加えてよく混ぜる

2 ボウルにBを入れてハンドミキサーでしっかりとした（9分立て）メレンゲを作る。3分の1取って①に加えよく混ぜる

3 残りのメレンゲもすべて加え、泡をつぶさないようにさっくり混ぜたら、耐熱カップに6分目まで生地を入れる

4 アルミホイルの帽子をかぶせたら、沸騰した湯を張ったフライパン（もしくは鍋）に並べ、蓋をしながら弱火で15分蒸し焼きにする

底に布巾を沈めてあげる

5 蒸し終わっても火は消さず、蓋やアルミホイルを外しながら2分程加熱し、冷蔵庫で冷やす

6 十分に冷えたら、表面にマーマレードやあんずジャムを塗る

ジャムはたっぷりめに塗ると美味しい!!

ポイント
蒸し終わってからすぐに火を消すと急に冷やされて一気にしぼんでしまうので、加熱しつつ少しずつ温度を下げてあげよう！

市販の型不要！
紅茶のベイクド チーズケーキ

口に入れると、紅茶の香りが口いっぱいに広がる濃厚チーズケーキです。

**材料**（2〜3人分）

- クッキー…70g
- バター…30g

A
- クリームチーズ（常温）…100g
- 砂糖…30g
- 卵…1個
- あんずジャム…適量

B
- 生クリーム…80cc
- レモン汁…大さじ1/2
- 薄力粉…大さじ1/2
- お湯大さじ1でふやかした紅茶のティーバッグ1つ（お湯ごと）

● 使用道具 ●

泡立て器

ボウル

1 クッキングシートで縦14cm×横14cm×高さ4cmの型を作ってホチキスで留めたら、外側をアルミホイルで縁まで包む

2 袋にクッキー70gを入れて細かく砕いたら、溶かしたバター30g（500wで20秒レンチン）を加えて揉み混ぜ、型に敷き詰めて冷やす

3 ボウルでAを練りまぜたら溶き卵を少しずつ加え混ぜ、最後にBも混ぜる

4 型に生地を流し、焦げてきたらアルミホイルをかぶせつつトースターで40分焼く。冷蔵庫で冷やしてから、表面にあんずジャムを塗る

クッキングシート型の作り方

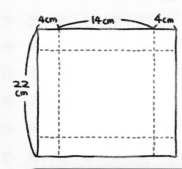

4cm　14cm　4cm
22cm

折りたたんで★の部分をホチキスで留める

アルミホイルで縁まで包む

カサカサ

ポイント クッキー生地の中に細かく刻んだクルミやアーモンドを加えると、風味がUP！

41

正月明けの楽しみ
もっちもちパンケーキ

まるで大福のような「しっとりもっちり」な生地に、ハマること間違いなし！

材料（1〜2人分）

- 切り餅…1個
- 牛乳…50cc — A
- 卵…1個
- 砂糖…大さじ1
- 無糖ヨーグルト…50g — B
- ホットケーキミックス…80g
- お好みでバターや蜂蜜

● 使用道具 ●

おたま　泡立て器　フライパン　ボウル

1 切り餅1個を12等分したらボウルに入れ、牛乳50ccを加え500wで2分レンジ加熱。熱いうちに滑らかになるまで混ぜる

2 小皿にAを入れて混ぜたら、①に少しずつ加え混ぜる

3 Bを加えてさっくり混ぜたら、油をひいていない温めたフライパンに生地を1/3〜1/4のせる

テフロン加工ではない場合は油をひいて焼いてね！

4 蓋をしつつ弱火で2〜3分、裏返して蓋をしつつ2分焼く。お好みでバターや蜂蜜をのせる

ポイント
トロッとさせたい場合は、Bの材料をヨーグルト80g＋ホットケーキミックス100gに変更してみて！

伸び〜る! 甘じょっぱい
ベーコンモッツァレラ パンケーキ

甘い＋しょっぱい＝罪深いうまさ!!!!

材料

（1～2人分）

- 薄切りベーコン…50g
- モッツァレラチーズ …1個
- お好みで蜂蜜 orメープルシロップ

A
- ● ホットケーキミックス …200g
- ● 卵…1個
- ● 牛乳…100cc
- ● 無糖ヨーグルト …100cc

● 使用道具 ●

おたま　　　泡立て器

フライパン　　ボウル

1 薄く油をひいたフライパンに、薄切りベーコン50gと中央にモッツァレラチーズ1個をのせる

2 Aをボウルに入れたら泡立て器で10～20回ほど大きく混ぜ、モッツァレラチーズの上から流し入れる

3 蓋をして弱火で12～15分焼き、焼き色がついたらひっくり返す。蓋を取ったまま5分焼く

チーズは、カマンベールなどの
他の種類に変更しても！

ポイント
ひっくり返すときは、フライパンを傾けて一度お皿に出し、その上にフライパンを覆いかぶせて
お皿と一緒にひっくり返そう！

ざらめザックザク！まるでケーキな
バナナパンケーキ

バナナと豆腐のおかげで、パサつかず、しっとりしたパンケーキです。

材 料 （2〜3人分）

- ザラメ…30g
- 輪切りにした
  バナナ…130g
- バナナ…130g
- 絹豆腐…80g

A
- 砂糖…30g
- 溶かしバター…20g
  （500wで20秒レンチン）
- 卵…2個
- ホットケーキミックス
  …200g
- お好みでホイップクリーム

● 使用道具 ●

泡立て器　ゴムベラ

ボウル　フライパン

1 フライパンにクッキングシートを敷き、ザラメ 30gと輪切りにしたバナナ130gをのせる

2 バナナ130gをビニール袋に入れて滑らか になるまでつぶしたら絹豆腐80gを加え、 滑らかになるまで揉み混ぜる

3 Aを加え混ぜたら、フライパンに落とし入れ、 蓋をして弱火で20分焼く

4 皿などを使って裏返したら、蓋を取った状 態で5分焼く

5 皿にのせたら優しくクッキングシートをはがす。お好みでホイップクリームを添える

ポイント
③でフライパンに生地を入れる際、一気に流してしまうとバナナがずれてしまうので、
バナナの上に置いていくイメージで、少しずつ生地を入れてみて！

タルトタタン風！
キャラメルショコラ パンケーキ

濃厚なキャラメルソースがココア生地に染みて、罪深い美味しさです。

材料（2〜3人分）

- 砂糖…40g
- バター…15g
- りんご…1個分

A
- 卵…2個
- 砂糖…60g
- 溶かしバター…20g（500wで20秒レンチン）
- 牛乳…100cc
- ホットケーキミックス…200g
- 純ココアパウダー…40g

● 使用道具 ●

ゴムベラ　　　泡立て器

フライパン　　ボウル

1 フライパンに砂糖40gを入れて茶色になるまで焦がしたら、バター15gと16等分にカットしたりんご1個分を加えて3分煮る

2 Aをボウルに入れたら泡立て器で10〜20回ほど大きく混ぜ、フライパンに流して表面を整える

3 蓋をして弱火で20分焼いたら、表面にクッキングシートをかぶせ、りんごが上面になるように一度皿に出す

4 クッキングシートごとスライドさせるようにフライパンに戻したら、蓋を取った状態で5分焼く

キャラメルソースにお好みで
洋酒を加えても！

ポイント
②でフライパンに生地を入れる際、一気に流してしまうとりんごがずれてしまうので、
りんごの上に置いていくイメージで、少しずつ生地を入れてみて！

49

トースターで！ラム酒香る
フォンダンショコラ

周りはサクッと、中はとろ〜っとした濃厚チョコレートの焼き菓子です。

材料 (4個分)

- 刻んだ板チョコ…1枚(50g)
- バター…50g
- 溶き卵…1個分
- コーンスターチ…15g
- お好みでラム酒…小さじ1/2

● 使用道具 ●

泡立て器　　ボウル　　おたま

1 刻んだ板チョコ1枚(50g)と角切りバター50gを耐熱容器に入れて500wで40秒〜1分レンジ加熱し、きれいに混ぜ溶かす

ビターがオススメ!!!

2 溶き卵1個分を少しずつ加え混ぜる

卵は常温の方が分離しにくいよ!

3 コーンスターチ15gと、お好みでラム酒小さじ1/2を加え混ぜ、厚手のアルミカップ(マドレーヌ型)に4等分する

4 トースターで4分半(表面がパリッとするまで)焼く

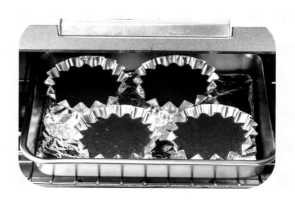

ポイント
アルミカップのギザギザの部分はパリッと焼けてるんだけど、真ん中はまだ柔らかいくらいが食べごろ!

型不要！

桃とほうじ茶の型なしタルト

生地を折りたたんで焼くので、思い立ったらすぐできるタルトです。

材料（2〜3人分）

A
- 薄力粉…100g
- バター（常温）…50g
- グラニュー糖…30g
- 塩…ひとつまみ
- 卵…1/2個（25g）

B
- バター（常温）…25g
- グラニュー糖…25g
- 卵（常温）…1/2個（25g）

C
- アーモンドプードル…25g
- 薄力粉…小さじ1
- 製菓用ほうじ茶パウダー…大さじ1/2
- 強力粉…適量
- 缶詰の桃…2個

D
- グラニュー糖…10g
- アーモンドプードル…10g
- 薄力粉…10g
- 角切りの冷たいバター…10g
- あんずジャム…適量

● 使用道具 ●

ゴムベラ

ボウル

麺棒

1 Aを滑らかになるまで混ぜ、ラップで包んで1時間以上冷やす

2 Bを滑らかになるまで練り混ぜ、常温の溶き卵1/2個（25g）を3回に分けて加え混ぜる。そこにCを加え混ぜる

3 クッキングシートに強力粉で打ち粉をし、冷やしていた①をのせ、上からも打ち粉をする。麺棒で20cm程の円状にのばす

4 余白3cm程を残して②をのせたら、真ん中にスライスした缶詰の桃2個を並べる。タルト生地を中央に向けて折りたたむ

5 ボウルにDを入れて指ですり混ぜ、そぼろ状にする。桃部分以外の隙間に生地を散らし、余分なクッキングシートをカットする

6 焦げてきたらアルミホイルをかぶせつつ、トースターで30分焼く。粗熱が取れたら、桃にあんずジャムを塗る

ほうじ茶パウダーは製菓用を使用しているよ！

スーパーなどで売っている水に溶ける粉茶なら、倍量入れてみて！

ポイント　①の生地と②のほうじ茶生地に使うグラニュー糖は、粉砂糖にするとよりきれいに混ざるよ

型不要！

ごろごろブルーベリーの型なしタルト

加熱したブルーベリーがジューシーな、サックサク食感のタルトです。

材料（2〜3人分）

A
- 薄力粉…100g
- バター（常温）…50g
- グラニュー糖or粉砂糖…30g
- 塩…ひとつまみ
- 卵…1/2個（25g）

B
- バター（常温）…25g
- グラニュー糖…25g
- 卵（常温）…1/2個（25g）

C
- アーモンドプードル…25g
- 薄力粉…小さじ1
- 強力粉…適量
- 冷凍ブルーベリー…80g

D
- グラニュー糖…10g
- アーモンドプードル…10g
- 薄力粉…10g
- 角切りの冷たいバター…10g

● 使用道具 ●

泡立て器

ゴムベラ

ボウル

麺棒

1 Aを滑らかになるまで混ぜ、ラップで包んで1時間以上冷やす

2 Bを滑らかになるまで練り混ぜ、常温の溶き卵1/2個（25g）を3回に分けて加え混ぜる。そこにCを加え混ぜる

3 クッキングシートに強力粉で打ち粉をし、冷やしていた生地をのせ、上からも打ち粉をする。麺棒で20cm程の円状にのばす

4 余白3cmを残して②をのせたら、冷凍ブルーベリー80gを並べる。タルト生地を中央に向けて折りたたむ

5 ボウルにDを入れて指ですり混ぜ、そぼろ状にしたらタルトのブルーベリー部分以外の隙間に生地を散らし、余分なクッキングシートをカットする

6 焦げてきたらアルミホイルをかぶせつつ、トースターで30分焼く

⑤のクランブルは省いても作れるよ！

焼くとサクサクで美味しいので余裕がある方は是非！

ポイント
クランブルが焦げてきたら、真ん中だけアルミホイルで覆って部分的に焦げから守ってあげよう！

焼かない！ 2層の生チョコタルト

下の層は濃厚なチーズチョコ、上の層は口の中でとろけるガナッシュです。

材料（2〜3人分）

- クッキー…100g
- バター…40g
- ミルク板チョコ …1枚（50g）
- ビター板チョコ …2枚（100g）
- 砂糖…15g
- 生クリーム…90cc
- クリームチーズ（常温） …75g
- 純ココアパウダー …適量

● 使用道具 ●

- 泡立て器
- ボウル
- ゴムベラ
- 小鍋

1 袋にクッキー100gを入れて細かく砕く。溶かしたバター40g（500wで20秒レンチン）を加えて揉み混ぜ、15cmのタルト型に敷き詰めて冷蔵庫で冷やしておく

2 ミルク板チョコ1枚＋ビター板チョコ1/2枚を細かく刻んでボウルに入れ、砂糖15gを加える。小鍋で生クリーム40ccを沸騰直前まで温めたらチョコレートのボウルに流す

3 そのまま1分ほど放置してから、静かに混ぜ合わせてチョコレートを溶かす

③と⑤は、放置することできれいに溶ける！

4 常温のクリームチーズ75gをよく練ったら、③のチョコレート1/3を加えてよく混ぜる。残りのチョコレートも加え混ぜ、タルト型に流して2時間程冷やす

5 ビター板チョコ1枚と1/2枚を刻んだら、小鍋で沸騰直前まで温めた生クリーム50ccを加え、そのまま1分放置する

6 ⑤を優しく混ぜて、チョコレートを溶かし、④の上に流して2時間程冷やす。仕上げに純ココアパウダーを振る

ポイント　温めた包丁でカットすると断面がきれいになるよ

Column 2

【アーモンドクリームを分離させない為に】

タルトの中に入れるアーモンドクリームは
材料を混ぜるだけだけど…実は分離しやすい！
上手に「乳化」させるのが美味しさの秘訣◇

おう

分離すると、少し
油っぽく感じる…

乳化とは…

油と水のような、本来は混ざらないものが
混ざり合い、安定した状態になったもの

マヨネーズが
わかりやすい例

上手に乳化させるコツ

① バターは常温のものを使う！
② 卵は常温のものを使う！
③ 卵は少しずつ加える！

冬は気温が低いので、バターや卵の温度が
下がって分離しやすかったりします。
その場合は40℃のお湯で湯煎しつつ混ぜると◎

らん
らん

バター→油、卵→水
なら、混ざりにくいのも当然！

第 3 章

しっとりサクサクおやつ勢ぞろい！

焼き菓子

甘酸っぱくて香り豊かな

レモンマドレーヌ

バターとレモンの風味が良い、しっとりめの食べやすいマドレーヌです。

材料 （7個分）

A
● 砂糖…50g
● 卵…1個

● バター（常温）…50g

C
● 粉砂糖…大さじ5
● レモン汁…大さじ1/2

B
● レモン汁…大さじ1
● レモンの皮すりおろし…1個分
● アーモンドプードル…30g
● 薄力粉…50g
● ベーキングパウダー…小さじ1/2（2g）

● 使用道具 ●

泡立て器

ボウル

1 ボウルにAを入れてすり混ぜる

2 Bを加えてダマがないように混ぜ、最後に溶かしたバター50g（常温バターを500wで30秒レンチン）を加え混ぜる

3 生地を厚手のアルミカップの7分目まで流す。焦げてきたらアルミホイルをかぶせつつ、トースターで13分焼く

4 十分に冷ましたら、Cを混ぜたレモンアイシングでマドレーヌにデコレーションする

コルネの作り方

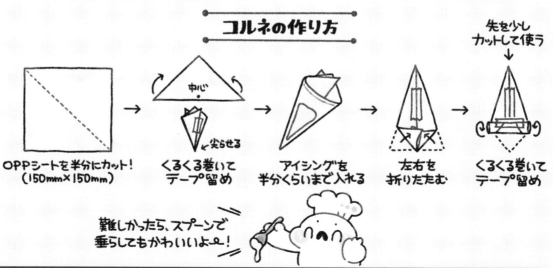

OPPシートを半分にカット！
（150mm×150mm）

中心
くるくる巻いて
テープ留め
←尖らせる

アイシングを
半分くらいまで入れる

左右を
折りたたむ

先を少し
カットして使う
↓
くるくる巻いて
テープ留め

難しかったら、スプーンで垂らしてもかわいいよ！

ホワイトチョコとの相性抜群！
抹茶マドレーヌ

ほんのり緑色がかわいらしいマドレーヌ。チョコチップを練り込んでも！

材料（7個分）

A ┌ ● 砂糖…50g
  └ ● 卵…1個
  ● バター（常温）…50g
  ● ホワイト板チョコ
    …1枚（40g）

B ┌ ● 抹茶パウダー
  │   …大さじ1/2
  │ ● アーモンドプードル…20g
  │ ● 薄力粉…50g
  └ ● ベーキングパウダー
      …小さじ1/2（2g）

● 使用道具 ●

泡立て器

ボウル

1 ボウルにAを入れてすり混ぜる

2 Bを加えてダマがないように混ぜ、最後に溶かしたバター50g（常温バターを500wで30秒レンチン）を加え混ぜる

3 生地を厚手のアルミカップの7分目まで流す。焦げてきたらアルミホイルをかぶせつつ、トースターで13分焼く

4 ホワイト板チョコ1枚（40g）を刻んで湯煎で溶かし、十分に冷ましたマドレーヌにデコレーションする

デコレーションは
市販のチョコペンでも！

ポイント　抹茶パウダーの代わりに純ココアパウダー大さじ1を加え混ぜるとココアマドレーヌができるよ！

ヨーグルトで優しいふんわりさ！
レモンのスコーン

ヨーグルトのおかげでパサつかない、レモンの風味が豊かなスコーンです。

材 料 （6個分）

A
- 薄力粉…100g
- 片栗粉…20g
- グラニュー糖…20g
- ベーキングパウダー…小さじ1（4g）
- バター…30g

B
- 無糖ヨーグルト…30g
- レモン汁…小さじ1
- レモンの皮…1個分

C
- 粉砂糖…大さじ3
- レモン汁…小さじ1

- 卵黄…1/2個分

• 使用道具 •

 ボウル

 カード

 麺棒

1 ボウルにAを入れたら、1cm角の冷たいバター30gを入れて指で手早くすり混ぜる（ところどころバターがダマになっている状態）

2 Bを加えてカードで切るように混ぜる

3 ラップの上に生地をのせたら、軽く手で押してひとまとまりにする。生地の上にラップをして麺棒でのばし、3つ折り×3〜4回繰り返す。

4 1.5cmの厚さにまとめたら、ラップで包んで冷蔵庫で2時間休ませる

この2時間が重要!!

5 端っこを切り落とし、6等分に押し切ったら、表面に卵黄を塗る。焦げてきたらアルミホイルをかぶせつつ、トースターで10〜15分（約13分）焼く

6 十分に冷ましたら、Cを混ぜたレモンアイシングで、マドレーヌにデコレーションする

ポイント
③の麺棒でのばす工程は、生地をずらしつつ上から押して（生地が波をうったような状態）それをならすようにすると綺麗にのばせるよ！

白玉粉が神がかっている
もっちもちどら焼き

一度食べたら虜になる、しっとりモチモチなどら焼き生地が作れます。

材料 （約6個分）

- 白玉粉…50g
- 水…40cc

A
- 砂糖…30g
- みりん…大さじ1
- 卵…1個

B
- 薄力粉…30g
- ベーキングパウダー…5g
- お好みであんこ、バターなど

● 使用道具 ●

ゴムベラ　おたま

ボウル　フライパン

1 白玉粉50gに水40ccを少しずつ加え、白玉粉の粒をなくすようにすり混ぜたら、Aを加え混ぜる

2 そこにBも加えて、ダマにならないようさっくり混ぜる

3 油をひいていない温めたフライパンに、生地（大きいスプーンひとすくい）を流す。ぷつぷつ穴が開いてきたらひっくり返し、両面焼く

だいたい12枚焼けるよ！

4 あんこやバター、ラムレーズン、ホイップクリームなど好きなものを挟む

【ド定番のあんこ】

【あんこ＋バター】

甘じょっぱうまーい！

【あんこ＋バター＋ラムレーズン】etc…

大人の味!!

ポイント
フライパンに油をひいてから生地を焼くと焼き色がまだらになりがちなので
テフロン加工のフライパンをお持ちの方は是非、油をひかずに焼いてみて！

型のいらない ドロップクッキー

手のひらで押しつぶして薄〜く焼くことで、サクサク食感が楽しめます。

材料 （約18枚分）

- バター（常温）…100g
- 粉砂糖…50g
- A
  - 塩…ひとつまみ
  - 卵黄…1個分
- B ノーマル
  - 薄力粉…40g
  - アーモンドプードル…20g
  - チョコチップ…30g
  - 炒って刻んだクルミ…15g
- C チョコ
  - 薄力粉…35g
  - アーモンドプードル…15g
  - 純ココアパウダー…10g
  - チョコチップ…30g
  - 炒って刻んだクルミ…15g

使用道具

ゴムベラ

ボウル

1 クルミはあらかじめフライパンで乾煎りし、刻んでおく

2 ボウルに常温のバター100gを入れて滑らかになるまで練ったら、粉砂糖50gを加え混ぜる

3 白っぽくなったら、Aを加え混ぜてボウルに半量（約80gずつ）分ける

4 それぞれにB、Cを加え混ぜる

5 クッキングシートの上に生地をのせたら、できるだけ薄い円になるように形をととのえる

6 全体を覆うようにアルミホイルをかぶせ、トースターで13分焼いたら、アルミホイルをはずし、好みの焼き色になるまで焼く

焦げやすいので注意!!

ポイント
クッキーはそれぞれ9枚ずつ作れるよ。
一気に焼くと生地同士がくっついてしまうので、3回に分けて焼こう！

ほぼ焼きチョコな
ザクザクブラウニー

一度食べたら忘れられなくなる！食感が楽しいブラウニーです。

材料 （2〜3人分）

- ビター板チョコ
　…3枚（150g）
- バター…20g

A
- 卵…1個
- 砂糖…大さじ1

B
- 薄力粉…20g
- コーンスターチ
　…20g
- チョコチップ
　…100g

● 使用道具 ●

泡立て器　　ゴムベラ

ボウル　　フライパン

1 ビター板チョコ3枚（150g）を細かく刻んだら、バター20gを加えて湯煎で溶かす

2 ボウルにAを混ぜたら、①の溶かしたチョコレートを少しずつ加え混ぜる。そこにBも加え混ぜる

3 クッキングシートの上にのせ、厚さ2cmの四角形に整え、トースターで30〜40分焼く。焦げてきたらアルミホイルをかぶせる

4 十分に冷めたら、包丁で押すように端を4辺切り落とし、食べやすいサイズにカットする

ザク
ザク

切り落とした
端っこも
とっても美味しい！

ポイント
生地の下に敷くクッキングシートは焦げやすいので余白部分はカットしてね
（アルミホイルをかぶせたときにすっぽりかぶるくらいが理想）

外はカリカリ！中はしっとり！
ほうじ茶ブラウニー

クッキングシートの型で作れる、ほうじ茶の風味が豊かなブラウニーです。

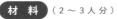 **材 料** （2～3人分）

- 刻んだホワイト
  板チョコ
  …2枚（80g）
- バター…40g

A
- 卵…1個
- 砂糖…30g

B
- 薄力粉…35g
- アーモンドプードル…15g
- 製菓用ほうじ茶パウダー
  …大さじ1
- ベーキングパウダー
  …小さじ1/3
- ホワイトチョコチップ
  …25g
- 刻んだクルミ…30g
- お好みで粉砂糖

● 使用道具 ●

泡立て器　　ゴムベラ

ボウル　　フライパン

1 クッキングシートで縦14cm×横14cm×高さ4cmの型を作ってホチキスで留めたら、外側をアルミホイルで覆い、縁まで包む

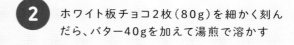
型の作り方はP41を見てね!

2 ホワイト板チョコ2枚（80g）を細かく刻んだら、バター40gを加えて湯煎で溶かす

3 ボウルにAを入れてすり混ぜたら、②の溶かしたホワイトチョコを3回にわけて加え混ぜる。さらにBも加えてさっくり混ぜる

4 ①の型に③の生地を流し、焦げてきたらアルミホイルをかぶせつつ、トースターで30～40分焼く

ブラウニーに爪楊枝を刺して生地がついてこなければ焼けている証拠!

5 十分に冷めたら、食べやすいサイズにカットし、お好みで粉砂糖を振る

今回は製菓用ほうじ茶パウダーで作ったけど、抹茶パウダーなどに置き換えて作っても美味しいよ!

ポイント　クルミはあらかじめフライパンで乾煎りしておくと、風味がUP!

トースターでできる

ほろほろ ブールドネージュ

生地はほろほろ、チョコチップとクルミはザクザクな、
一口サイズの焼き菓子です。

● 使用道具 ●

ゴムベラ

ボウル

1 クルミ10gをフライパンで乾煎りし、細かく刻んでおく。ボウルに常温のバター40gを入れて滑らかになるまで練ったら、Aとクルミを加え混ぜる

2 ①の生地をラップで包んだら、冷蔵庫で30分冷やし、生地を16等分する

3 一度ぐしゃぐしゃにしてから広げたアルミホイルの上に並べ、上にアルミホイルをかぶせて、トースターで7分焼く

4 焼き場所を反対に入れ替えて、更に7分焼く。十分に冷ましたら、粉砂糖をまぶす

アルミホイルの裏側に油を塗っておくと生地がくっつかないよ！

ポイント ブールドネージュはアルミホイルをずっとかぶせっぱなしで焼くよ！

パインがとってもジューシー！

パインパイ

缶詰のパイナップルをまるっと包むだけで、見た目も豪華で可愛いパイに！

材料（4個分）

- パイシート…1枚
  （長方形のパイシートなら2枚）
- 缶詰のパイナップル…4枚
- お好みでアイシング（粉砂糖30g＋水小さじ1）

● 使用道具 ●

麺棒

1 パイシート1枚を薄くのばして4等分にカットしたら、それぞれ中央に「×」の切り込みを入れる

2 缶詰のパイナップルの水気をよく拭いてパイシートの上にのせ、内側をパイナップルに巻き付ける

3 4隅のパイシートもパイナップルに巻き付ける

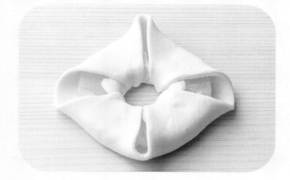

4 隙間が空いている4か所の部分を持ち、優しくのばしながらパイナップルに巻き付ける

5 一度ぐしゃぐしゃにしてから広げたアルミホイルの上に並べる。焦げてきたらアルミホイルをかぶせつつ、トースターで12〜15分焼く

クリームチーズや
あんこを一緒に
包んでも美味しい!

ポイント
お好みで粉砂糖30g＋水小さじ1を混ぜた
アイシングでデコレーションしてね!

見た目もかわいい！
さくさくメロンパイ

みんな大好きメロンパンを、一口サイズの小さなパイ菓子にしてみました。

材料

（2人分）

A ┬ ● バター（常温）…25g
  │ ● 砂糖…大さじ2
  └ ● 薄力粉…大さじ3
    ● パイシート…適量

● 使用道具 ●

ボウル　　ゴムベラ

1 ボウルにAを入れて練る

2 好きな形にカットor型抜きしたパイシート1枚に①を塗る

3 ナイフでメロン模様をつける

4 トースターで5分焼く

この生地…
食パンに塗って焼いても
うまいんだよね…

ポイント
焼いた後に模様が薄くなっていたら、温かいうちに再度ナイフでメロン模様をつけてね！

お手軽すぎる
月見パイ

おだんごをパイシートで包んで8分焼くだけ！サクサク×もっちもち！

材料

（8個分）

- パイシート…1/2枚
- あんだんご…2～3本（8粒）

● 使用道具 ●

麺棒

1 パイシート1/2枚を薄くのばし、8等分する

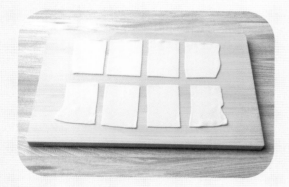

2 串から外したあんだんごをパイシートの上に置く

3 4辺を中央に折りたたむようにそれぞれ包む

4 一度ぐしゃぐしゃにしてから、広げたアルミホイルの上に並べ、トースターで8分焼く

生地の閉じ目はしっかりくっつけてね

個人的には「ごまだんご」で作るのが好き！

ポイント　今回はあんだんごを使いましたが、お好みのだんごで作ってもらってOK！

パリパリとろとろ〜！

三角チョコ カスタードパイ

チョコレートをそのまま入れるよりも、トロッと感UP！アツアツを召し上がれ。

材料（2個分）

- 刻んだ板チョコ
  （ミルクチョコ）…1枚
- 卵黄…1個分
- 砂糖…大さじ1〜1と1/2
- 薄力粉…大さじ1
- 牛乳…100cc
- パイシート
  …1/2枚

● 使用道具 ●

ボウル　フライパン　ゴムベラ

1 板チョコ1枚を刻んでボウルに入れておく。別のボウルに卵黄→砂糖→薄力粉→牛乳の順に入れ、その都度よく混ぜる

卵黄
1個分

砂糖
大さじ1

薄力粉
大さじ1

牛乳
100cc

2 フライパンに①の卵液を入れ、とろみがつくまで弱火で練り混ぜてカスタードを作る

3 カスタードが熱いうちにチョコレートが入ったボウルに加えて混ぜ溶かす

4 パイシート1/2枚を正方形になるように2等分する。斜め半分にうっすら切り込みを入れたら、片方に切り込みを5本入れる

5 ④にチョコカスタードをのせて三角に折りたたみ、周囲をフォークでしっかり閉じる

6 一度ぐしゃぐしゃにしてから広げたアルミホイルの上に並べ、焦げてきたらアルミホイルをかぶせつつ、トースターで10〜12分焼く

ポイント
2種類作るならビター板チョコ1/2枚とホワイト板チョコ1/2枚を刻んで
2等分したカスタードにそれぞれ混ぜ溶かしてね！

パリパリ食感が楽しい！
紅茶とホワイトチョコ のカッサータ

紅茶に漬けたドライフルーツを混ぜ込んだ、見た目も可愛い
アイスケーキです。

材料（2〜3人分）

A ｜ ● 紅茶のティーバッグ
　　　…1袋
　　● 熱湯…100cc

● ドライフルーツ…100g

● クリームチーズ（常温）
　…200g

● 刻んだ
　ホワイト板チョコ
　…1枚（40g）

● 生クリーム
　…200cc

● 砂糖…50g

● 使用道具 ●

ボウル

ゴムベラ

泡立て器

1　器にAを入れ、皿などで蓋をして2分待つ。ティーバッグを取り出したらドライフルーツ100gを浸し、一晩漬けておく

2　常温のクリームチーズ200gを滑らかになるまで練ったら、水気を切ったドライフルーツと細かく刻んだホワイト板チョコ1枚を加え混ぜる

3　生クリーム200ccに砂糖50gを加え、8分立てに泡立てる。そこに②を2回に分けて加え、さっくり混ぜる

4　クッキングシートを敷き詰めたパウンド型に入れ、冷凍庫で一晩冷やし固める

ホワイト板チョコはできるだけ
細かく刻もう！

お酒が大丈夫なら
ラム酒にドライフルーツを漬けても！

ポイント
パウンド型を持っていなかったらP37の紙パック型にクッキングシートを敷いて使っても！

Column 3

【パンケーキやどら焼きを綺麗に焼く】

★形

生地をフライパンに入れる時は
約15cm程の高さから流すと
自然に丸い形に広がる

おたまやスプーンで

★焼き色

テフロン加工のフライパンを使っているなら
油をひかない方が綺麗な焼き色になります

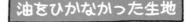

油をひいた生地	油をひかなかった生地

まだらな焼き色

ムラのない焼き色

鉄やアルミ、テフロン加工がはがれた
フライパンは、生地がくっつきやすいので
しっかり油をひいて焼こう!

★焦げ付き・焼きムラ防止

フライパンを火で温めたら、一度濡れ布巾に
フライパンの底を4〜5秒当てて冷まし
再び弱火にかけて生地を焼く。
こうすることでフライパンの温度が均一になり
焼きムラのない(焦げない)焼き色に!

ジュワーーッ

第 4 章

身体に染み渡る美味しさ！

プリン・
おもち系

のび〜っ

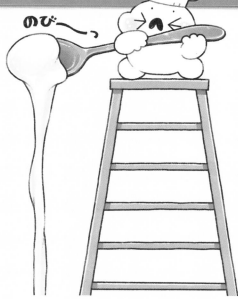

電子レンジで作る

極限ふるふる生プリン

口の中に入れた瞬間、溶けてしまうほど柔らかい、まろやかなプリンです。

材料 （3〜4個分）

- 水…大さじ1

A
- 卵黄…1個分
- 砂糖…大さじ1

B
- 牛乳…400cc
- バニラエッセンス …2〜3滴

- 粉ゼラチン …小さじ1（3g）

C
- 砂糖…50g
- 水…大さじ1

D
- お湯…大さじ2
- ラム酒…大さじ1/2

使用道具

泡立て器　　おたま

ボウル　　フライパン

1 粉ゼラチン3gを大さじ1の水でふやかしておく

2 ボウルにAを入れてすり混ぜたら、Bを加え混ぜる

3 500wで6分レンジ加熱してよく混ぜたら、再び2分半レンジ加熱してから混ぜる。液が熱いうちに、ふやかしておいたゼラチンを加え混ぜる

4 ボウルごと氷水に浸し、軽く混ぜながら粗熱を取ったらプリン容器3〜4個に注ぎ入れ、冷蔵庫で冷やし固める

5 フライパンにCを入れて中火で加熱する。きつね色になったらフライパンの底を塗れ布巾で冷やし、Dを加え混ぜる

6 作ったカラメルは冷ましておき、食べる直前にプリンにかける

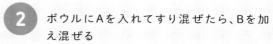
ラム酒抜きで作っても！

ポイント 粉ゼラチンを4gに増やすと、少し弾力もあるプリンになるよ！お好みで調整してみてね

まったり濃厚 かぼちゃプリン

かぼちゃをしっかり感じる、食べ応えのあるプリンです。

材料（4個分）

A ┌ ● 砂糖…50g
  └ ● 水…大さじ1
  ● お湯…大さじ2
  ● かぼちゃ…180g

B ┌ ● 卵…2個
  │ ● 牛乳…150cc
  │ ● 生クリーム…50cc
  │ ● 砂糖…50g
  └ ● バニラエッセンス…数滴

● 使用道具 ●

泡立て器　　おたま

ボウル　　フライパン

1 フライパンにAを入れて中火で加熱する

2 きつね色になったら、ぬれ布巾でフライパンの底を冷やし、お湯大さじ2を加え混ぜてカラメルを作り、プリン容器4個に流す

3 皮とワタを除いたかぼちゃ180gを細かくカットし、500wで4分レンジ加熱。熱いうちに潰してBを加え混ぜたら一度濾す

4 プリン容器にそっと流し、アルミホイルの帽子をかぶせる

5 フライパンor鍋の底に水を2cmはって沸騰させたら、布巾を沈めてその上にプリン容器を並べる

6 蓋をして極弱火で13分加熱し、火を止めたら蓋を取らずに13分放置する。加熱が終わったらしっかり冷やす

この放置する時間が大切！　はぁはぁ

ポイント
お好みでホイップクリームを絞ったりシナモンをうっすらふりかけても！

ふわとろ
ダルゴナぷりん

ダルゴナコーヒーのような、ふわふわのクリームをのせたプリンです。

材料 （3〜4個分）

- 粉ゼラチン…5g
- 水…大さじ2
- A
  - 牛乳…300cc
  - 生クリーム…50cc
  - 砂糖…30g
- 市販のホイップクリーム …50g
- B
  - 抹茶パウダー …小さじ1/2
  - 砂糖…大さじ1
  - お湯…大さじ2

● 使用道具 ●

ボウル　　おたま

小鍋

1 粉ゼラチン5gを大さじ2の水でふやかしておく

2 小鍋にAを入れ、沸騰直前まで温めたら火を止める。温かいうちに①を加え混ぜ、小鍋ごと氷水に浸して混ぜながら粗熱を取る

3 プリン容器3〜4個に注ぎ入れ、冷蔵庫で冷やし固める

4 ボウルでBを混ぜたら、市販のホイップクリーム50gを加え混ぜてプリンの上にのせる

アレンジで美味しい
Bの材料をチェンジ!!

ふわとろ
クリーミー
ココア

泡の
モコモコ具合
No.1

ココアver.
・純ココアパウダー 大さじ1
・砂糖 大さじ1
・お湯 大さじ2

ほんのり苦い
ミルキー
コーヒー

コーヒーは
お好みで
減らしても
OK↓!!

コーヒーver.
・インスタントコーヒー 大さじ1
・砂糖 大さじ1
・お湯 大さじ2

香りがよく
食べやすい
ほうじ茶

スーパーの
水に溶ける
粉茶使用!

ほうじ茶ver.
・ほうじ茶パウダー 大さじ1と½
・砂糖 大さじ1
・お湯 大さじ1

ポイント ②の液を粗熱を取らずに冷やし固めるとプリンの表面がしわしわになるので注意

冬至に食べる特別スイーツ

タンユェン

ふわっと柔らかいおだんごの中に、香り豊かなごまあんが入っています。

材料（2人分）

A┌ ● クルミ…15g
 └ ● 黒ごま…30g

B┌ ● 粉砂糖…20g
 └ ● サラダ油…15g

C┌ ● 白玉粉…80g
 │ ● 絹豆腐…50g
 └ ● 水…40cc

D┌ ● 水…100cc
 │ ● 砂糖…20g
 │ ● 生姜チューブ
 │ …小さじ1/2
 │ ● レモン汁…小さじ1
 └ ● お好みでクコの実
    …5g

● 使用道具 ●

ボウル　　ゴムベラ

小鍋

1 すり鉢でAをすりつぶしたら、Bを加え混ぜる

2 しっとりしてきたら、16等分して丸める

3 Cを混ぜて少し固めの生地を作る（豆腐によって水分量に誤差があるので調整する）

4 ごまあんを包んで丸める

5 たっぷりの熱湯で5～6分茹でたら、水気を切って器に盛る

6 小鍋にDを入れてひと煮たちさせ、おだんごにかける

おだんごは、浮いてきてから2分茹でることで生煮え防止に！

ポイント　すり鉢がない場合は厚手の袋に入れて、麺棒などで細かくつぶすと◎！

とろっとろのび～～～る

豆腐もち

豆腐を入れることで、時間が経ってもと～ろとろ！優しい風味のお餅です。

材料 （1人分）

A
- 絹豆腐…75g
- 白玉粉…20g
- 砂糖…大さじ1
- お好みであんこやきなこ

・ 使用道具 ・

ボウル　　　ゴムベラ

1 耐熱ボウルでAを混ぜたら、500wで1分レンジ加熱してよく混ぜる

2 更に1分レンジ加熱してよく混ぜる

3 器に盛りつけて、お好みであんこやきなこを添える

アツアツを召し上がれ！
びっくりするほどのび〜〜る

のび〜〜っ

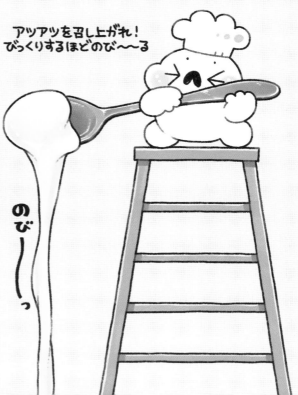

ポイント
半分以上が豆腐なので、
罪悪感が少なめなお餅です

翌日もやわやわモチモチ!
2色の白玉だんご

かぼちゃの色がとっても鮮やかな、優しい味わいの白玉だんごです。

材料 （2人分）

A
- 白玉粉…90g
- 絹豆腐…100g
- 砂糖…大さじ2
- かぼちゃ…50g
- お好みで あんこやきなこ

● 使用道具 ●

ボウル　　小鍋　　ゴムベラ

1 Aを混ぜて耳たぶくらいの固さにしたら、80gを別に分けておく

2 皮とワタを除いたかぼちゃ50gを薄切りにして500wで1分半加熱したら、温かいうちによく潰す

3 分けておいた白玉生地80gと合わせ混ぜる。それぞれ生地を10円玉サイズに丸める

4 ③を熱湯で5〜6分茹でる（浮いてきてから2分間）。冷水にとって水気を切ったら、お好みであんこやきなこを添える

豆腐はメーカーによって水分量が異なるので
混ぜる時に調整してね！
・やわやわ→白玉粉を追加
・固い→豆腐を追加

かぼちゃも水っぽい場合は
白玉粉を加えればOK!

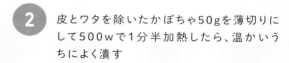

ポイント　豆腐が入っているので冷やしても、翌日になってもやわやわモチモチ〜

濃厚＆ジューシー！
苺の生チョコ大福

濃厚チョコ×みずみずしい苺×やわらかお餅の相性が、
控えめに言って神です。

1 板チョコ2枚を刻んで耐熱ボウルに入れる。小鍋で沸騰直前まで温めた生クリーム40ccを加えたら30秒ほど待ってから優しく溶かし混ぜる

2 ラップに包んで固まるまで冷やす

3 ②のガナッシュを6等分してそれぞれラップにのせ、薄くのばす。ヘタを取った苺を包み、再び冷やす

4 耐熱ボウルにAを加えてダマがないように混ぜたら、水50ccを加えて500wで1分半レンジ加熱し、よく練る

5 再び1分レンジ加熱して練ったら、純ココアパウダーの上に落とし、ココアをまぶしながら餅を薄くのばす

6 餅を6等分にカットし、指先でつねるようにしながら苺入りガナッシュを包む

> **ポイント**
> ①の生クリームをレンジ加熱する場合は500wで40秒くらいチンしてね

苺の尖った方を下にする → お餅をのばしガナッシュを包む → つねるように生地をくっつける → 回転

Column 4

【すの入らないプリンを目指す】

> オーブンで作ることが多いプリンですが
> ポイントを押さえればフライパンでも
> 滑らかに作ることができる!

★そもそも「す」とは…

プリンの中に、ぽつぽつ開いた穴のこと
ボソボソと口当たりが悪くなる

コレ→

★なぜ「す」ができるのか

プリンの材料は主に卵＋牛乳で、卵の力で固めている。
卵のたんぱく質は、約60〜70℃で固まるが
そのタイミングで高温になっていると、中で水蒸気が発生!
この水蒸気が上に抜けると「穴」ができ、「す」となる

★「す」の入らないコツ

① フライパンのお湯を沸騰させない
　（極弱火でじっくり加熱する）

② フライパンの底に布巾を敷き
　その上にプリンカップを並べて
　卵液に直接に熱が届かない様にする

③ アルミのプリンカップよりも、陶器やガラスの方が
　柔らかく熱が入るのでオススメ

小さい泡が底から
上がってくるのが約80℃
ポコ…　　ポコ…

第 5 章

ごはんにもOK！罪深いおいしさ！

パン系

フカァ…

パリパリ！
キャラメリゼ
フレンチトースト

いつものフレンチトーストにひと手間加えるだけで、食感が楽しい一品に！

材 料 （1人分）

A
- 卵…1個
- 牛乳…80〜100cc
- 砂糖…大さじ1
- 6枚切り食パン…1枚

- バター…10g
- 砂糖…大さじ1

1 密封できる保存袋にAを入れて空気を抜き、冷蔵庫で半日寝かせる

2 バター10gをひいたフライパンで、蓋をしながら両面を焼いて一度取り出す

3 フライパンに砂糖大さじ1を敷く。その上に食パンを戻し入れ、砂糖がきつね色になるまで焼く

食パンと保存袋は
同じくらいのサイズを使うと
しっかり卵液が染みるよ！

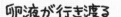

卵液が行き渡る　　卵液に浸らない部分も…

ポイント　卵液に食パンを半日浸すことで、中がとろとろなフレンチトーストに！

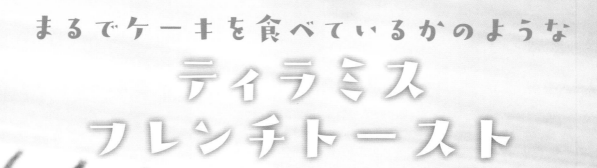

まるでケーキを食べているかのような
ティラミス
フレンチトースト

ふわふわの食パンと、熱でとろとろになったクリームチーズの相性抜群！

材料 （1人分）

- 8枚切り食パン…1枚
- クリームチーズ（常温）…好きなだけ
- バター…10g
- 純ココアパウダー…適量

A
- 卵…1個
- 市販のカフェラテ…100cc
- 砂糖…大さじ1

- お好みで
  ホイップクリーム

● 使用道具 ●

フライパン

1 8枚切り食パン1枚に常温のクリームチーズを好きなだけ（約70g）塗り、もう1枚の8枚切り食パンでサンドする

2 密封できる保存袋にAとクリームチーズをサンドした食パンを入れて空気を抜き、冷蔵庫で半日寝かせる

3 バター10gをひいたフライパンで、蓋をしながら両面を焼く

4 仕上げに純ココアパウダーを振り、お好みでホイップクリームを添える

カフェラテ飲料を抹茶オレや
ミルクココアに変えるなど
どんどんアレンジしてみて♀!

抹茶ティラミス
フレンチトースト

ココアティラミス
フレンチトースト

ポイント
純ココアパウダーは製菓用の泣かない（溶けにくい）ものを使用するか、
焼いた後に少し冷ましてから振ると、溶けずに見栄えがよくなるよ!

ふっかふか野郎
極みチョコ

ヨーグルト効果で、びっくりするほどふっかふか！チョコ入りがおすすめです。

材料 （1〜2人分）

A ┌ ● 無糖ヨーグルト
  │   …80g
  │ ● 砂糖…大さじ3
  └ ● 卵…1個

B ┌ ● ホットケーキミックス
  │   …100g
  │ ● 純ココアパウダー…大さじ2
  └ ● サラダ油…適量

1 ビニール袋にAを入れて揉み混ぜる

2 Bを加えて更に揉み混ぜる

3 サラダ油を塗ったフードコンテナに生地を流す

4 蓋を上におき（閉めない）500wで約4分レンジ加熱する

細かく割った板チョコ½枚を
生地の上に散らしてから
レンチンすると更にンンンまい♪！

ミルクチョコでも
ホワイトチョコでも◎

ポイント
チーズのふっかふか野郎もチョコのふっかふか野郎も、タッパーは820㎖のものを使用しているよ！

レンチン発酵20分！
フライパンでチーズナン

とろけるチーズがたっぷり詰まった、時短発酵のお手軽ナンです。

材料（2人分）

- 強力粉…200g
- 塩…3g

A
- 水…50cc
- 牛乳…80cc

B
- ドライイースト…3g
- 砂糖…15g
- ピザ用チーズ…80g
- 蜂蜜…好きなだけ

● 使用道具 ●

ゴムベラ　ボウル　フライパン

1 ボウルに強力粉200gを入れて片側に寄せ、強力粉のてっぺんに塩3gを置く

2 マグカップにAを注ぎ、500wで40秒レンジ加熱する。谷側に流し入れたら、水分に浸るようにBも加える

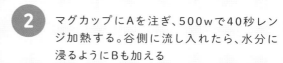

3 塩が最後に合流するようにゴムベラで混ぜる。まとまってきたら手で滑らかになるまでこね、球体にまとめる

4 ふんわりラップをして200wで30秒レンジ加熱したら、扉を開けずに20分放置する。ひとまわり大きくなっていればOK

5 フライパンに生地を入れてのばし、ピザ用チーズ80gをのせる

6 ピザ用チーズを包んで平たく整え、蓋をしつつ弱火で3分焼く。ひっくり返して再び蓋をし、弱火で2分焼いたら、カットして蜂蜜をかける

蜂蜜×チーズで 甘じょっぱうまい〜！

ポイント　市販のカレーを用意して浸しながら食べても美味しい！

もっちもち食感の
ブリトー

片栗粉を加えることで、パサつかずもちもちで、破けにくい生地になります。

材料（1〜2人分）

A
- 薄力粉…60g
- 片栗粉…30g
- 水…120cc
- オリーブオイル…小さじ1
- 塩…ふたつまみ

- チーズやハムや
  ケチャップなど
  お好みの具材

1 ボウルにAを入れてよく混ぜる

2 油をひいたフライパンに、生地を1/3〜1/4流して弱火で焼く

3 表面が乾いてきたら、ハムやチーズやケチャップなどお好みの具材をのせる

4 裏面に焦げ色がついてきたら、両端を中央に折りたたむように三つ折りにする

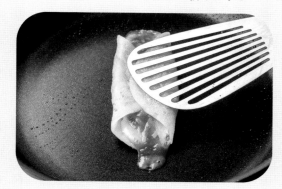

ケチャップにタバスコを加え混ぜると大人が喜ぶピリ辛ソースになるので、是非！

ポイント　皮はできる限り薄く焼いた方が美味しい〜〜！

バター香る！ふわふわ スイートポテト蒸しパン

さつまいもとバターのよい風味が、食欲をそそります。

材料（5個分）

- さつまいも…70g
- バター…20g
- お好みで バター…10g

A
- 牛乳…40cc
- 卵…1個
- 砂糖…大さじ2
- ホットケーキミックス…100g

● 使用道具 ●

 ボウル

 泡立て器

 フライパン

1 さつまいもは皮を剥いて70gを量ったら、角切りにして水でさらし、500wで3分レンジ加熱する。熱いうちに潰してバター20gを加え混ぜる

2 Aを加えて、ダマにならないように混ぜる

3 耐熱のプリンカップやココットにグラシン紙（またはアルミカップ）をのせ、6分目まで生地を注ぐ

4 フライパンの底に1.5cm水をはって沸騰させたら③を並べる。アルミホイルをかぶせ、蓋をして弱火で10〜12分蒸す

5 お好みで、フライパンにバター10gを入れて溶かし、表面が下になるように置き、焼き色を付ける

生地に竹串を刺してくっついてこなければ火が入っている証拠！

ポイント
焼き色を付けることでバターの風味がUPするし、見た目もかわいらしくなるよ！

台湾風！ かりもちっ豆腐ドーナツ

表面はサクサク×中はもっちりな、2つの生地を一度に楽しめるドーナツです。

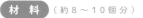

材 料 （約8〜10個分）

A
- 薄力粉…50g
- ベーキングパウダー…小さじ1/8
- 水…90cc
- サラダ油…小さじ2

- 絹豆腐…90g
- 卵…1個
- ホットケーキミックス…130g
- 油…適量
- グラニュー糖…適量

● 使用道具 ●

泡立て器

ボウル　　　フライパン

1 ボウルにAを入れてよく混ぜ、冷蔵庫で冷やしておく

2 保存袋に絹豆腐90gを入れてもみ潰したら、卵1個を加えさらにもみ潰す

3 ②にホットケーキミックス130gを加えて揉み混ぜたら、保存袋の端っこ1か所を5mmくらいカットする

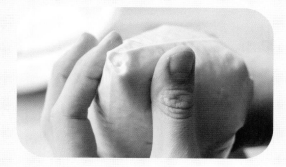

4 10㎝×10㎝にクッキングシートをカットしておき生地を丸く絞りだす

5 そこに冷やしておいた①の生地をスプーンで垂らす

6 160度の油できつね色になるまで両面揚げたら、ドーナツが温かいうちにグラニュー糖をまぶす

コーヒー用のミルクパウダー+砂糖を混ぜたものをまぶしても美味しい!

ポイント　①を作らずに、②の生地だけ揚げればもっちもちの豆腐ドーナツに!

もっちり

さつまいもドーナツ

しっかりおいもの風味がする、冷めてもモチモチ食感のドーナツです。

● 使用道具 ●

ボウル

ゴムベラ　　小鍋

1 さつまいもは皮を剥いて120gを量る。角切りにして水でさらし、500wで3分30秒加熱する。熱いうちに潰し、Aを加え混ぜる

2 ボウルにBを入れて滑らかになるまでよく練り混ぜたら、潰しておいたさつまいもと薄力粉20gを加え、12等分して丸める

3 170度の油できつね色になるまで揚げる

4 ドーナツが温かいうちにCを混ぜたものをまぶす

冷めてからだと、きなこがくっつきにくくなっちゃうんだ…

ポイント　同じ分量で、かぼちゃのドーナツを作っても美味しいよ!

カリカリ！

ジェネリックキャラメル ポップコーン

食パンを使っているのに、味はしっかりキャラメルポップコーン！

材料（2人分）

- 8枚切り食パン
  …1枚
- 砂糖…30g

A ⌐ ● バター…20g
  └ ● 生クリーム…20cc

● 使用道具 ●

ゴムベラ　　フライパン

1 食パン1枚を細かくカット（7×6＝42分割）。クッキングシートにのせて500wで2分レンジ加熱し、すぐに取り出して粗熱を取る

2 フライパンにのせて乾煎りし、粗熱を取る

3 フライパンに砂糖30gを入れ、中火できつね色になるまで加熱する

4 弱火にしてAを加え混ぜ、キャラメルソースを作る

5 食パンを投入し、手早くソースを絡める

6 クッキングシートの上に重ならないように出して冷ます

全ての面にキャラメルを絡めるつもりで！

ポイント

レンジによってパワーに個体差があるので、まだふわふわしているようなら追加加熱、
焦げた香りがしたらそこで加熱を止めよう！

Column 5

【フレンチトーストを美味しく作る】

まるでお店！な「分厚いフレンチトースト」のレシピと一緒に、美味しく作るコツをご紹介していきます！

材料

A {
- ・4枚切り食パン1枚
- ・牛乳150cc
- ・卵2個
- ・砂糖大さじ2
- ・バター10g
}
- ・お好みで蜂蜜やホイップクリーム

①食パンとよく混ぜたAを密封できる保存袋に入れ空気を抜いて冷蔵庫で半日～寝かせる

コツ1・食パンは分厚い方がふわふわに！

コツ2・卵はできるだけよく混ぜて卵白の塊をなくすと口当たりがよくなる。卵液を一度濾してもOK！

コツ3・時間をかけて浸すことで、卵液がしっかり染み込む

②バターをひいたフライパンに食パンを入れ蓋をするあまりいじらずに弱火でじっくり焼く

コツ4・蓋をすることで、しっかり膨らみボリューミーに！ちょこちょこ触ると、生地がしぼみやすいので注意

ホイップクリームは緩めの方がとろ～りと垂れて可愛い！

◇◇◇◇◇◇◇◇◇◇◇◇

お菓子作りの基本用語

スイーツ作りの基本用語を解説♪

スイーツを作る際によく用いられる言葉を紹介していきます。
これらを知っておくと、スイーツ作りがより楽しくなりますよ。

粉ゼラチンをふやかす

正しくふやかせていないと「お菓子が固まらない」「透明感が出ない」原因に。ふやかす時は冷水に均等に振り入れる。逆に粉ゼラチンに水を加えてしまうと、ダマになりやすい。

アイシング

粉糖と水や卵白を練ってペースト状にし、お菓子に塗ったり模様を描くこと。粉糖に少しずつ水分を加え混ぜ、スプーンですくった時にゆっくりと落ちるくらいの固さにする。

擦り混ぜる

泡だて器やへらを、ボウルの底にこするようにして混ぜること。ボウルの底に濡らした布巾を敷くと混ぜやすい。

さっくり混ぜる

生地を練らないように（または泡を潰さないように）、ボウルの底から生地を大きくすくいあげて返しつつ混ぜること。

切り混ぜる

生地を練らないように、ゴムベラや木べらを縦にして数回切込み、ボウルの底から生地をすくいあげて返しつつ混ぜること。

湯煎で溶かす

主にチョコレートやバターを溶かす時に使う。鍋やフライパンに約50度のお湯をたっぷりと張り、溶かす物を入れたボウルを乗せる。ボウルの底をお湯に浸しつつ、間接的に加熱して溶かす。

乾煎り

水や油を使わず、フライパンや鍋に食材を入れて煎ること。食材の水分を飛ばしたい時や、香ばしさを出したい時に使う。

きつね色

いなり寿司の油揚げの色合い

ダマ

ゼラチンや小麦粉を水などで溶かす際、溶け残った小さいぶつぶつの固まりのこと。

こ す

目の細かい網（茶こしや濾し器など）に液体を通して、中の固形物を取り除くこと。

と ろ み

とろりとした、粘度のある状態のこと。

分 離 す る

材料に含まれる水分と油が滑らかに混ざらず、分かれた状態になること。油が表面に浮いたり、ざらざらした見た目になる。

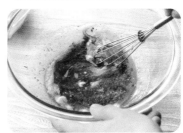

角 が 立 つ ま で

泡だて器ですくい上げた際、生クリームやメレンゲがピンと立つくらいの固さに泡立てること。氷水で冷やしながら泡立てると、泡立ちが良くなる。また、泡立てすぎるとボソボソになる。

半 日 寝 か せ る・冷 や す

約4〜6時間食材を休ませたり、冷やしたりすること。

一晩寝かせる・冷やす

約8時間食材を休ませたり、冷やしたりすること。

打ち粉

生地を伸ばす際に、生地が台やめん棒にくっつかない為に振る粉のこと。

粗熱を取る

炊いた後のお菓子を、手で触れるくらいまでの温度まで冷ますこと。

常温のバター

バターを混ぜやすい柔らかさになるまで戻すこと。指で押したときにへこむくらいが目安。1cm幅にカットしたバターを室温で30分〜1時間おいておくか、200wの電子レンジで少しずつ加熱していくとよい。

著者 ぼく

1988年福島県生まれ。東京在住のイラストレーター。
地元の菓子業界で4年半の修業の後、上京してアニメ会社に就
職。アニメーターとして勤務。2013年8月からTwitter上で公開し
たレシピイラストが話題に。フォロワーは54万人を突破。(2023
年1月現在)著書に『ぼくのおやつ』『ぼくのごはん』(共にワニブッ
クス)、『ぼくのおつまみ天国』(大和書房)など。

ブックデザイン	坂川朱音(朱猫堂)
DTP	淡海季史子
撮影	片桐圭
フードスタイリング	松岡裕里子
校正	鴎来堂
編集	大野洋平

多幸感で満たされる〜！ぼく流 禁断のスイーツ
2023年3月2日 初版発行

著　者	ぼく
発行者	山下直久
発　行	株式会社KADOKAWA
	〒102-8177 東京都千代田区富士見2-13-3
	電話 0570-002-301(ナビダイヤル)
印刷所	凸版印刷株式会社